Reserve

De   4255

LAMENTATION

DV PEVPLE FRANCOIS

SVR LA MORT

ROY.

A. D. P.

Confolation de l'election d'vn
autre grand Roy.

A PARIS,

Pour Michel Buffet, demeurant au Marché
neuf, à l'enfeigne de la Couronne.

1574.

Auec permiffion.

A TRESHAVLTE, TRES-
EXCELLENTE ET VER-
tueuse dame, Catherine de Medicis
Regente en France,

Vis que le tout puissant le dernier
iour termine
Des grãds & des petits, ô Royne
de hault pris,
Il ne fault de douleur tourmenter vos esprits
S'il à prins vostre fils en sa maison diuine,
La perte en est fort grãde, & grieufue la ruine
Mais puis que l'Eternel pour sõ plaisir la pris,
De s'en desesperer on seroit trop repris,
Car de dieu n'est iamais la volonté maligne.

A ii

Sonet.

DE voſtre filz telle eſtoit la grandeur,
Que malgré Mort on verra perdurable
Son haut renom, qui n'eut onc ſon ſemblable,
Deſſus la Terre excellente en rondeur.

Mort eſt ſon corps, l'eſprit plein de grand heur,
(Pour ce qu'il fut deſus tous Roys affable)
Recoit aux cieux lieſſe incomparale,
En voiant Dieu & ſa ſaincte ſplendeur.

Ceſte ſplendeur, c'eſt la vie immortelle
Promiſe aux Rois, qui ſont de vie telle
Que fut Charles regretté en tout lieu.

Donc appaiſez voz pleurs, Roine benigne,
S'il en fut onc ſoubz la ronde machine,
Puis que ſans fin voſtre filz vit en Dieu.

DIALOGVE
LAMENTABLE SVR
LE TRESPAS DV ROY
CHARLES IX.

Perſonnages,

L'autheur.   Le peuple Francois

L'autheur.

Smerueillé ie ſuis, Peuple francois
D'ainſi te voir en habit lamétable,
Croire il conuient que fort trou-
    blé tu ſois
D'auoir chágé tó habit delectable
Ces iours, ta ioye eſtoit inſatiable
Pour voir l'acord des haults Cieux deſcendu
Entre deux Roys de force incomparable,
Et ton ſoulas en triſteſſe eſt rendu.

Le peuple François.

Ah, cher amy, quand tu m'auras entendu,
Tu iugeras raiſonnable ma plaincte
Helas, iay tout & plus que tout perdu,
Quand de mon Roy la perſonne eſt eſtaincte.
Son cueur hautain, ſa clemence eſtoit ſaincte,
Grand ſon pouuoir, mais l'enuieuſe Mort

A iij

Le m'a raui d'vne cruelle attaincte,
Dont à iamais ie feray dur remord.
  Certainement ie suis pire que mort
De tous estats la voix en est plaintiue,
Nobles, Marchands, l'Eglise, què dueil mord,
En sont touchez de douleur excessiue.
O qu'il conuient faire rude inuectiue
Contre la Mort, d'auoir tant entrepris
Que ce Roy plein de douceur attractiue,
Deuant ses iours en ses laqs elle ait pris.
L'Autheur.

  D'aspre douleur, certes, ie suis espris
De voir ta ioye en tristesse tournee
Et non à tort, car à tous bons Espris
Sera tousiours triste ceste iournee,
Ou du grãd Roy la personne bié nee
En vn moment est tombee à l'enuers,
O Mort cruelle, à fureurs adonnee,
En trouble & dueil tu as mis l'vniuers.
Le peuple François.

  Auecques moy, plorez peuples diuers,
Plorez le Roy de source lilialle,
Roy, qui auoit tousiours les yeux ouuers
Ae quité & droicture loyale
Certainement sa maiesté royalle
A vn chascun donnoit contentement,
O mort peruerse, ô mort trop desloyalle,
Que tu as faict de mal en vn moment:
  Quand pour donner plaisir, esbatement,
Ioye & soulas, à toute l'assistance
De ses subiects, ce bon Roy noblement

Monstroit sa force & sublime pissance
Quand pour les siens mettre en regouissanee,
Ce Roy benin & clement s'esuertue,
Helas, il met mõ sens en souuenance
Du Pellican, qui pour les siens se tue.

L'Autheur.

A bien bon droict ta ioye est abatue,
Peuple Francois, puis que ce grand Recteur
Gist à l'enuers, par qui fut combatue
Iniquité, c'estoit le protecteur
Des iustes loix, & des droicts amateur,
Et le premier ennemy d'iniustice,
De pieté diuine obseruateur,
Amy de paix, le soustien de iustice.

Le peuple François.

T'esbahis tu doncques si i'appetisse
Ce mien soulas, que ie soulois auoir,
Voyant regner ce bon Roy sans malice,
Et le plus doux qu'œil iamais puisse voir?
Las! ma douleur ne peut fin receuoir
Si le Recteur supernel ne l'octroye,
Pour son trespas on peut apperceuoir
Plus de regretz qu'à la prinse de Troye.

Iamais Priam ne perdit plus de ioye,
Voyant ses filz en la guerre perir,
Que de douleurs ie rencontre en ma voye,
Voyant mon Roy tant excellant mourir.
Les medecins n'y ont peu secourir.
Si Apollon autheur de Medecine,
Pour le guerir, y eust voulu courir,
Aucun proffit n'eust faict herbe ou racine.

L'Autheur.

Ton dur souspir en mon cueur s'enracine
(Peuple Francois) & ton gemissement
Encores plus de tristesse massigne
De voir la Royne en extresme torment,
Royne sans pair, selon mon iugement,
Qui sans cesser pour son fils se lamente,
La Tourtourelle ainsi fort tristement
(Son masle mort) sur l'arbre se tourmente.

Le peuple françois.

Ie suis attainct de douleur vehemente,
De voir gemir tant de princes d'honneur,
Plus estonnez qu'en Mer voir la tormente,
D'auoir perdu leur Royal gouuerneur,
Qui les tenoit en paix & en bon heur
Aux vertueux monstrant benin visage,
Aux oppressez magnifique donneur,
Helas, c'estoit des grands Roys le plus sage.
Du Roy Clouis vint son noble lignage,
Des Roys chrestiens le premier Roy puissant,
Ce Roy deffunct de sublime courage,
A pris de luy son tige florissant.
O Createur du ciel resplendissant,
Que ma poictrine est de dueil penetrée,
De veoir ainsi mon Roy deperissant,
Qui tant aymoit la belle vierge Astrée,
Vn meilleur Roy en estrange contrée
On ne vid onc, ne plus robuste & fort,
Plus noble adresse onc ne fut rencontrée
Qu'estoit la sienne au militaire effort.
Certainement ie le prise plus fort

Que

Que de Thetis la forte geniture,
Qui le plus fort des Troyans meit à mort,
Tant il estoit puissant en l'armature.

L'Autheur.

Outre ces dons, à la literature
Son œil prenoit grand delectation,
Dont il conuient que toute creature
Nous soit compagne en lamentation,
Mesmes tous ceux qui ont affection
A l'art, auquel maint bon esprit s'adonne,
C'est poesie, ou en perfection
Aucuns ont pris l'Apolline couronne.

Le peuple François.

Helas! amy, ma coniecture est bonne,
Qu'en cest art là, Minerue t'ait apris,
Dont ie te pry que ta bouche se donne
A deplorer mon Roy de si hault pris,
En qui nature auoit (pour vray) compris
Dons precieux, de valeur non petite,
Voyla pourquoy tu ne seras repris
De le plorer, veu son haultain merite.

L'Autheur.

Si quelque honneur (ô peuple) ie merite
En poesie, au diuin Createur,
ie le refere, & à ce Roy d'eslite,
Le Roy defunct, liberal donateur:
Car de mes chans il a esté l'autheur,
Chants espanduz en mainte terre estrange,
Dont à bon droict, comme humble seruiteur,
ie luy en donne & l'honneur & louange.
Et puis qu'il faut que mon soulas ie change

LAMENTATION

En triste dueil, pour mieux t'accompaigner,
Il est besoing que mon courroux se range
A detester la Mort, sans l'espargner.
Pource qu'elle a voulu son bras bagner
Dedans le sang de ce Roy sage & iuste,
Que lon doibt plus de louanges orner
Que les Cesars qu'on vid depuis Auguste.
    O Mort inique, impitoyable, iniuste,
Regarde vn peu le grand mal que tu fais
De nous rauir nostre Chef tant robuste,
Dont nous serons ses membres imparfaicts,
Faschez, marris, desolez, & deffaicts,
Comme Brebis du Pasteur esgarées,
Nous auons veu ses magnanimes faicts,
Point ne seront noz pertes reparées.
    Mais à l'esprit du Roy sont preparées
Ioyes sans fin, que le Recteur des cieux
A ordonné aux ames separées
De cruautez & forfaicts vicieux,
Dont ce bon Roy qui fut tant gracieux,
Et qui seruoit de vertueux exemple,
Ores recoit le bien delicieux
Du Ciel, & Dieu en la face contemple.

Le peuple François.

    En t'escoutant ma douleur n'est si ample
Qu'elle souloit, car ie croy fermement
Que ce sainct Roy, qui fut de Dieu le temple,
Auec les Saincts vit eternellement.
Dont il conuient vniuersellement
Vn peu cesser tristesse lamentable,
Puis qu'au Recteur du diuin Firmament
Il plaist auoir nostre Roy honorable.

L'Autheur.

Ie chanteray la grand magnificence
De voſtre Fils, de l'eſprit paternel
Participant, ne mettant en ſilence
Qu'il tient auſſi du maintien maternel.
Et ce pendant ie ſupply l'Eternel
De vous donner ſaincte reſiouiſſance,
En attendant qu'en honneur ſolemnel
Voſtre filz ayt icy grande puiſſanee,
　　Peuple Gaulois, bien que troublé tu ſois
Pour le treſpas de ton Roy, de ton Pere,
Ton Mecenas, que tant tu cheriſſois
En le voyant auoir ſanté proſpere,
Ceſſe ton dueil, & tes larmes tempere
Patiemment, & prie ſainctement
Que Dieu, auquel Ciel & terre obtempere,
Le nouueau Roy conſerue longuement.

FIN.　　　　　　B ij

HVICTAIN.

Nuincible est du Roy des Cieux la gloire
Qui à vaincu de ce Monde l'effort,
Il donne aux Roys, qui veulent en luy croire,
Sur tous assaux vn bras puissant & fort,
Il a occis le peché, & la mort,
Dont tout le ciel son hault pouuoir admire,
Il faict dresser vn roy bien né au port
D'honneur, & faict ses louanges escrire.

HVICTAIN.

Vblimité haultine qui faicts luire
Ta grand clarté au Monde spacieux,
Vueille le Roy Charles ore conduire
Comme vn Soleil au Monde radieux,
Si qu'en bon heur illuminé des Cieux,
Il rende aux siens paix, droicture, & iustice,
Faisant son nom si hault, & precieux,
Qu'vn Monde rond extolle sa pollice.

FIN.

SONNET D'VN POETE FRANCOYS AVX POETES de France.

Nobles esprits qui de veine doree
De iour en iour escriuez doctes vers
Et dont l'on voit les argumens diuers
Desquels par tout la Gaule est honoree
  Voyez icy la grandeur decoree
Du roy regnant, qui ha les yeux ouuers
A vertu haulte, affin qu'en l'vniuers
Soit haultement sa gloire proferee.
  De cest autheur fort sainct est l'argument
Louant les Roys, comme diuinement
Il est escrit qu'on leur doibt reuerance.
  Doncques par vous vn argument soit pris,
pour exalter vostre Roy de hault pris,
Princes aussi, & Princesses de France.

AV LECTEVR.

Vers alexandrins.

Du Prince & Roy qui est esleu diuinement,
En despit de la Mort, la louange demeure,
Car combien que son corps soit mis au monument,
Ne pensez que iamais de son nom l'honneur meure.